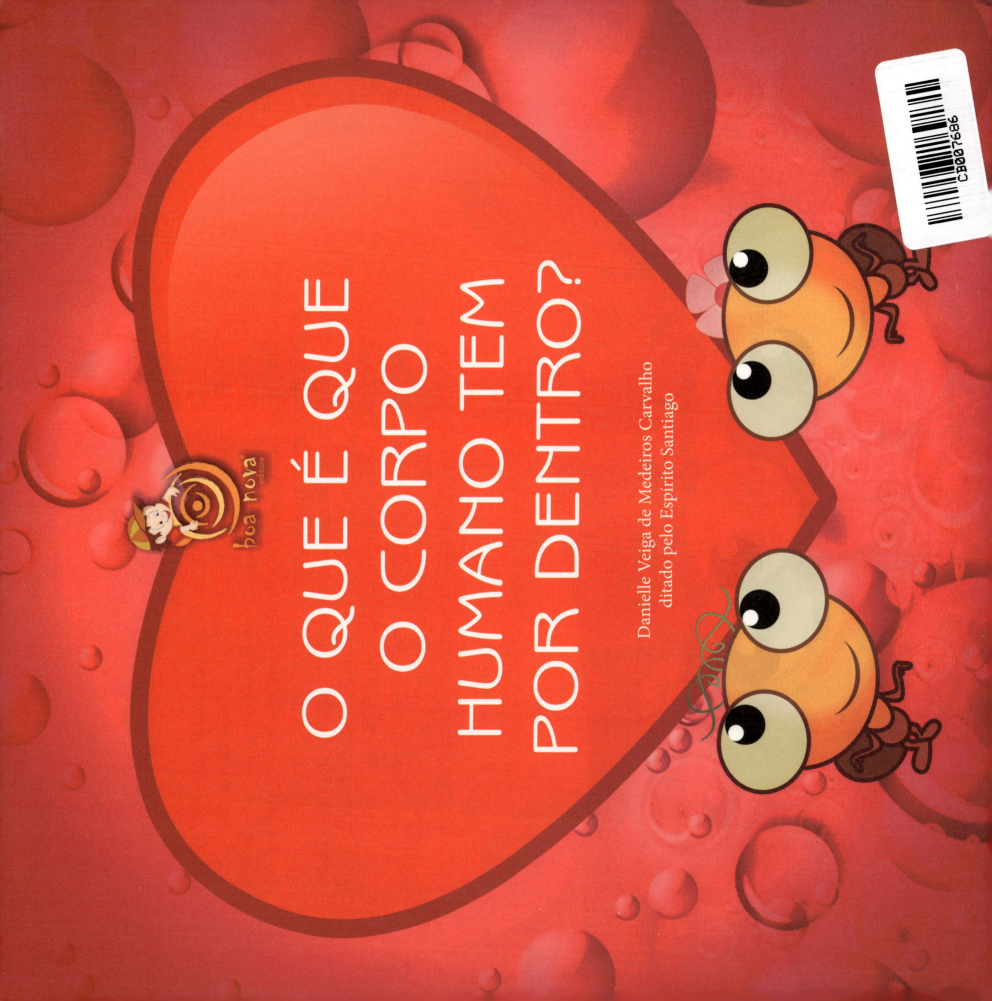

Na escola Dulce Formiga, na sala de Ciências, nossas amigas Flor e Miga estavam distraídas quando a professora Tânia Jura pediu um trabalho em dupla, que valeria nota 10. Era um trabalho sobre o corpo dos humanos, mas, desta vez, ela queria saber como ele era por dentro! As duas formigas se apavoraram. E agora? O que fariam?

No primeiro trabalho – sobre como era o corpo humano por fora –, elas tinham observado e anotado tudo. Mas e quanto a este? Como fariam?

Flor pensou muito e perguntou a Miga:
– Minha querida amiga formiga Miga! Como faremos?
– Estou pensando, Flor! O mais óbvio é que todos acessem a Formigonet, mas nós não! Nós vamos além disso!

— Não vamos acessar a Formigonet? Então, o que faremos? Miga, eu tenho medo das suas ideias.
— Tive uma ideia muito maneira! Mas acho que você não vai querer colocar meu plano em prática...
— Fala logo, Miga! Tirei nota baixa na prova; preciso de uma boa nota neste trabalho sobre o corpo humano.
— Florzinha, querida amiga formiga, o que você acha de procurarmos uma criança, colocarmos nossa roupa de mergulho e nosso equipamento de rapel, e entrarmos dentro dela?

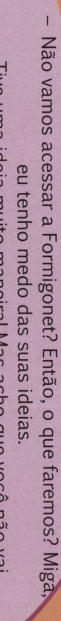

— Miga formiga, você acha que vai dar certo? Vamos sobreviver? – perguntou Flor apreensiva.
— Creio que sim. Nós, formigas, somos muito resistentes!
— Sim, sei que somos, mas como faremos para entrar no corpo de uma criança?
— Você vai ver, Flor! Vamos tirar nota 10. Amanhã, vamos pôr nosso plano em prática. O que acha de nos encontrarmos na saída sul do Formigueiro, às sete da manhã? Não se esqueça da roupa de mergulho e do equipamento de rapel!

Assim, depois de combinarem os detalhes, Flor e Miga foram para suas casas. Flor estava com medo da aventura do dia seguinte. E se não conseguissem sair mais de dentro do corpo da criança? Mas Miga era muito esperta e já devia ter pensado em tudo. Miga também não conseguia dormir; estava ansiosa! Se o corpo humano por fora já era tão fascinante, imaginava ela que por dentro deveria ser ainda mais maravilhoso! Fez sua prece antes de dormir e agradeceu a Deus pela oportunidade que iria ter de conhecer uma de suas criações mais perfeitas: o corpo humano.

No outro dia, Flor e Miga se encontraram na saída sul do Formigueiro, as duas com suas mochilas nas costas e os devidos apetrechos.

Ao saírem do Formigueiro, seguiram para o parquinho da Praça Calixto e logo viram uma criança brincando.

— Flor, vamos nos aproximar da criança e tentar entrar pelo ouvido. Procure gravar bem o trajeto, porque temos que voltar pelo mesmo caminho – falou Miga.

— Miga, pode me chamar de covarde, mas estou com muito medo. Acho melhor você ir sozinha.

— Não tenha medo. Estaremos juntas, nada pode deter uma amizade! E tenha certeza de que vamos nos divertir.

— Então vamos lá. Corpo humano, estamos a caminho!

Flor e Miga subiram pelo corpo da criança e entraram em sua orelha. As duas eram tão pequeninas, que a criança não sentiu nada. Elas estavam com medo, mas vejam só: o medo é um sentimento que nos paralisa... Imaginem só se todos tivessem medo? Grandes descobertas não teriam sido feitas. Já pensou se Santos Dumont tivesse medo de altura? Ele não teria criado o avião! Os astronautas, se não tivessem coragem, nunca teriam pisado na Lua e feito outras tantas descobertas em nosso benefício. Se cientistas, como Camille Flammarion e Albert Einstein, tivessem medo, como teriam descoberto o funcionamento das leis da natureza? Temos sempre que tentar enfrentar nossos medos, para que não prejudiquem nossa evolução.

Ali dentro do ouvido, as duas travessas se encantaram. Aquele lugar mais parecia uma caverna enlameada, embora muito bonita e com barulhinhos e sons que entravam por ele junto com uma brisa suave, que era o som do parque. Mas o som também podia entrar como uma ventania, se fosse um som grave, uma gritaria ou uma buzina alta, por exemplo. Notas musicais não paravam de entrar pelos ouvidos; eram os pássaros cantando, as crianças brincando. Todos esses sons formavam notas musicais de alegria!
Caminharam um pouco mais, sempre com aquela lama nos pés. Flor estava com cara de nojo, mas Miga lhe explicou:
— Flor, essa lama é cera de ouvido.
— Cera? Achei que só as nossas amigas abelhas fabricavam cera.
— A cera dos ouvidos serve para protegê-los de impurezas e partículas que poderiam contaminá-los.

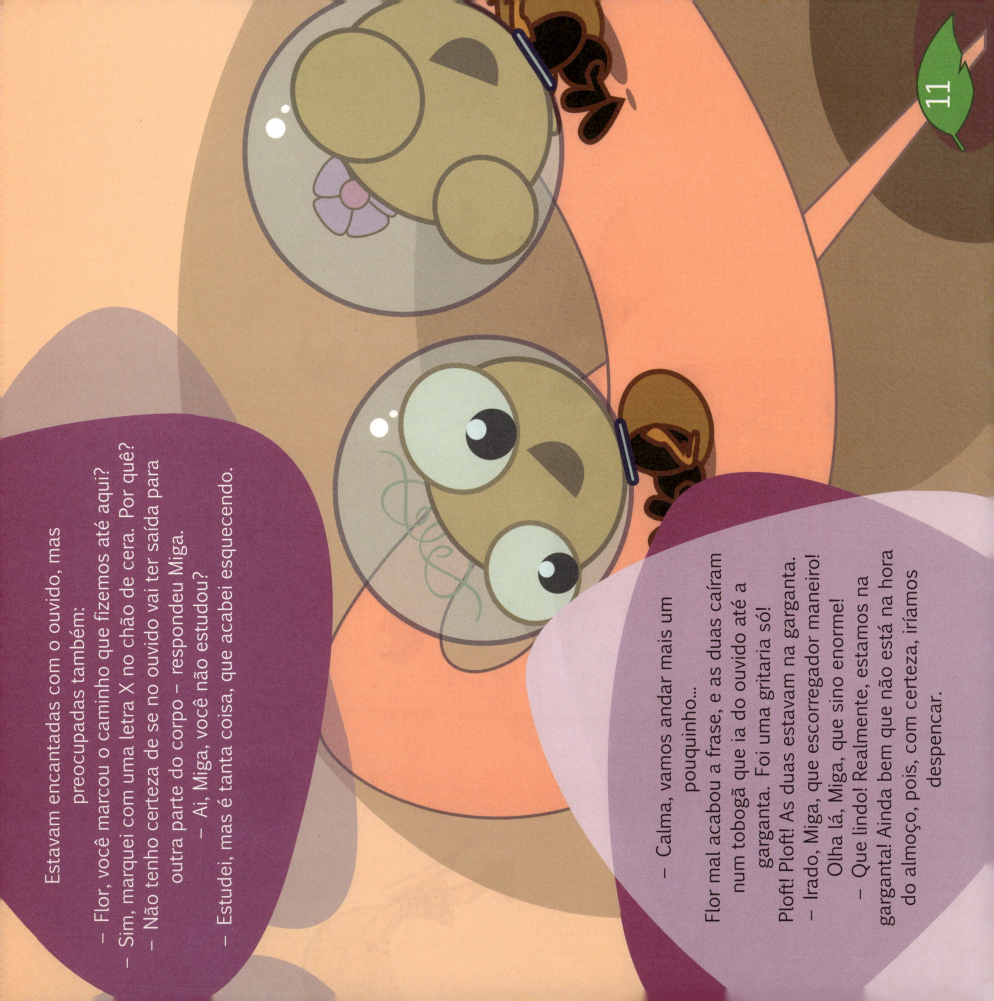

Estavam encantadas com o ouvido, mas preocupadas também:
— Flor, você marcou o caminho que fizemos até aqui?
— Sim, marquei com uma letra X no chão de cera. Por quê?
— Não tenho certeza de se no ouvido vai ter saída para outra parte do corpo – respondeu Miga.
— Ai, Miga, você não estudou?
— Estudei, mas é tanta coisa, que acabei esquecendo.

— Calma, vamos andar mais um pouquinho...
Flor mal acabou a frase, e as duas caíram num tobogã que ia do ouvido até a garganta. Foi uma gritaria só! Ploft! Ploft! As duas estavam na garganta.
— Irado, Miga, que escorregador maneiro! Olha lá, Miga, que sino enorme!
— Que lindo! Realmente, estamos na garganta! Ainda bem que não está na hora do almoço, pois, com certeza, iríamos despencar.

Mas a criança sentiu uma coceirinha na garganta e tomou água. Já dá para imaginar o que aconteceu, não dá? As duas amigas formigas ficaram molhadas e se seguraram para não despencar garganta abaixo.
— Eca, Miga, estamos tomando banho de água com cuspel!
— Sabe por quê? As glândulas salivares, que produzem a saliva, estão trabalhando. Tudo dentro do corpo humano deve trabalhar em harmonia, por isso pedi que você trouxesse sua roupa de mergulho. Trouxe o equipamento de rapel também? Vamos precisar agora, pois vamos descer mais um pouco pela garganta.

Pegaram seus equipamentos e começaram a descida, passando pela faringe e laringe, e encontrando alguns sons por lá também.
— Olha, Miga, as notas musicais que estão subindo para a boca parecem bolhas de sabão!
— Sim, são fabricadas pelas cordas vocais. São os sons que os humanos produzem. Flor, dá uma olhada para baixo. — Flor fez o que a amiga tinha pedido e viu cordas que mais pareciam uma harpa da Orquestra Formigarmônica.
Desceram mais um pouco pela laringe, mas ainda conseguiam ver o sino que ficava no início da garganta. Descendo ainda mais um pouquinho, chegaram à traqueia, que era a entrada para os pulmões.

13

Flor achou tudo muito lindo.
— Nossa, Miga, a traqueia mais parece uma mexerica! Tem vários gominhos encaixadinhos. Parecem os gomos da fruta, um do lado do outro.
— Flor, acho que você está com fome! Vamos descer mais um pouquinho e conhecer um dos pulmões?
Facilmente, as duas entraram em um dos pulmões e fizeram seus comentários:
— O pulmão é um lugar muito bonito, todo cor-de-rosa. Parece uma casa de bonecas! Aqui é muito fresco, entra um ventinho bom – disse Flor.

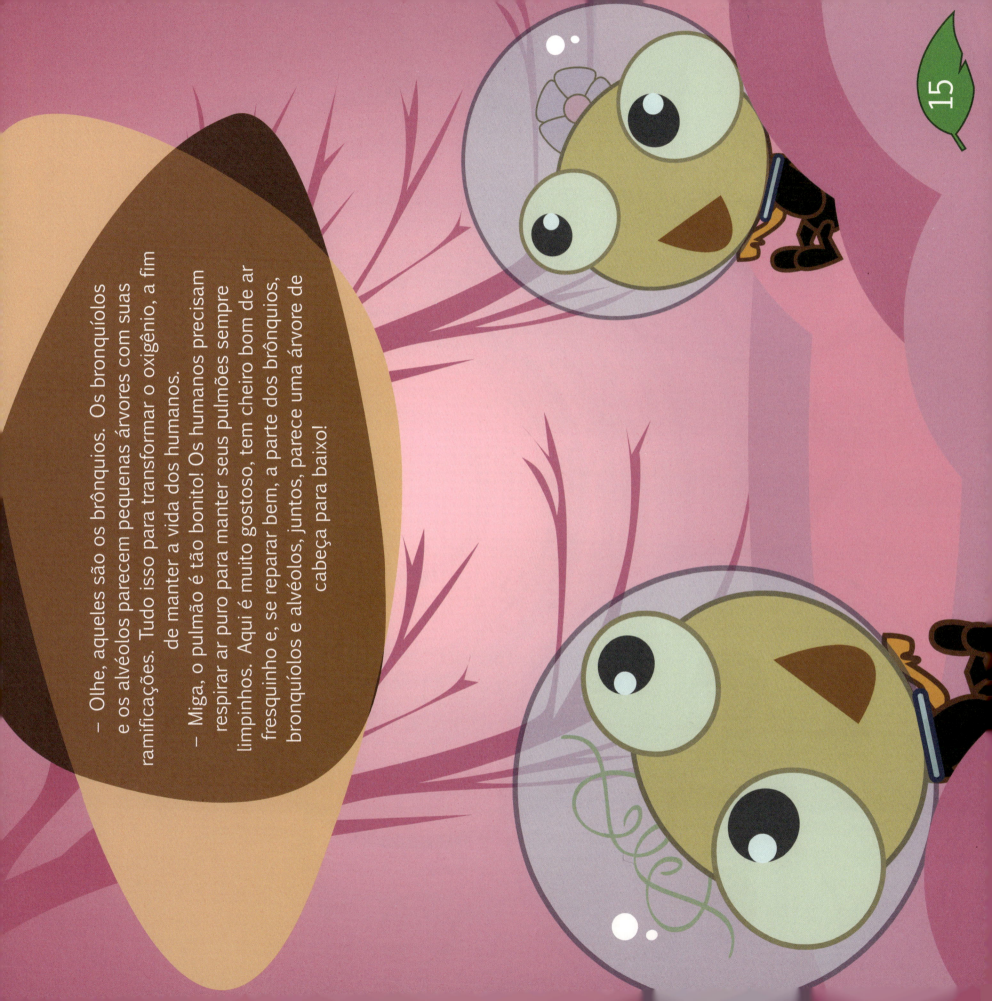

— Olhe, aqueles são os brônquios. Os bronquíolos e os alvéolos parecem pequenas árvores com suas ramificações. Tudo isso para transformar o oxigênio, a fim de manter a vida dos humanos.
— Miga, o pulmão é tão bonito! Os humanos precisam respirar ar puro para manter seus pulmões sempre limpinhos. Aqui é muito gostoso, tem cheiro bom de ar fresquinho e, se reparar bem, a parte dos brônquios, bronquíolos e alvéolos, juntos, parece uma árvore de cabeça para baixo!

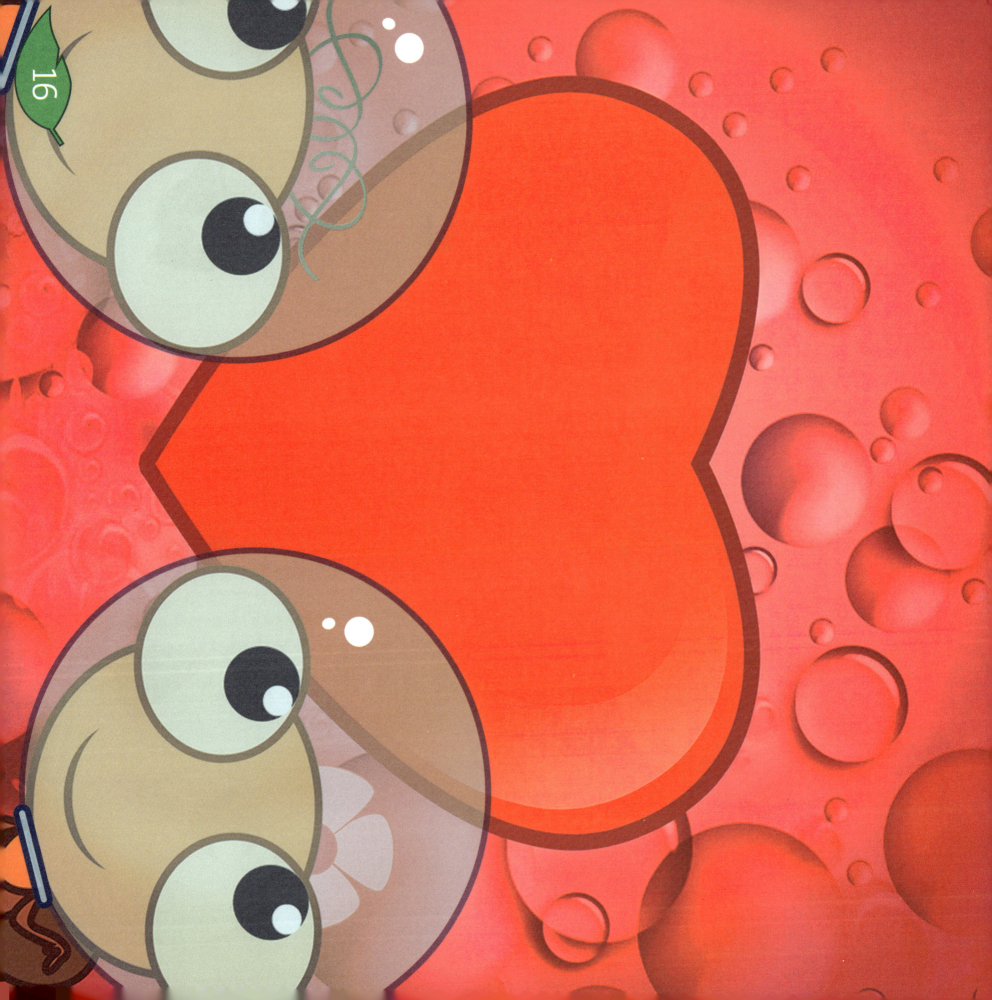

— Não é que é mesmo, Flor? Que interessante! Mas agora precisamos seguir viagem; não temos muito tempo.

Novamente, as amigas formigas pegaram seus apetrechos de rapel e subiram pelos pulmões, depois pela traqueia, saindo novamente na laringe. De repente, começaram a ouvir uma música que fazia assim: TUM-TUM, e de novo: TUM-TUM. Perceberam que era o coração batendo em ritmo de uma linda melodia. Não conseguiriam chegar até ele, mas estavam ouvindo seu som. Ele era o órgão que bombeava o sangue, que levava o oxigênio e os nutrientes até todas as células do corpo.

Desceram mais, agora pelo esôfago (que era por onde o alimento descia depois que era engolido). As formiguinhas entraram no estômago, e Flor comentou:
— O estômago é cheio de ruguinhas, um monte delas! Mas por que o estômago está tão amassado assim, coitado! Até parece uma folha de papel amassada que tentaram desamassar...

— Florzinha querida, o estômago é o órgão que transforma os alimentos numa espécie de papa. Sabe aquela papinha de bebê? Os alimentos são transformados aqui para poderem seguir com maior facilidade pelos intestinos.

— O estômago trabalha bastante, né? Será que o estômago é todo enrugadinho assim porque esta criança engoliu muito chiclete e as paredes do estômago grudaram? Ou ele comeu cola sem querer? – perguntou Flor, encafifada com as rugas do estômago.
— Claro que não – respondeu Miga.
— O chiclete também é dissolvido e transformado no estômago, embora dê um trabalhão para dissolvê-lo. E tem outra: o chiclete não foi feito para ser engolido! Vamos andar mais um pouquinho, até o duodeno, que é a ponte entre o estômago e o intestino.

As amigas caminharam até o duodeno e, de lá, avistaram o intestino delgado. Observaram de longe, pois não conseguiriam seguir muito adiante.
— O intestino é bem interessante também. Olhe: parece, na verdade, uma bexiga cor-de-rosa de fazer bichinhos, mas com uma diferença: dentro do intestino delgado tem um monte de dedinhos minúsculos — observou Flor.

– Sim, e são esses dedinhos que retiram todos os nutrientes e vitaminas daquela papinha que o estômago faz. Além destes órgãos que estamos vendo, existe também o fígado – contou Miga.
– A gente pode ir até lá? – perguntou Flor.
– Não, infelizmente, vamos ter que voltar. Não temos muito tempo, e eu não tenho a mínima ideia de como fazemos para chegar até lá, mas posso te contar alguma coisa sobre o fígado.

23

— Conte-me, então. Estou curiosa!
— O fígado é o órgão que armazena, distribui e sintetiza os diversos nutrientes, açúcares e gorduras dos alimentos que os humanos comem. Ele tem muitas funções. Vou te dar um exemplo: quando o cérebro está precisando de açúcar, de energia para trabalhar, ele envia uma mensagem ao fígado, para que este libere açúcar pela corrente sanguínea, que chegará ao cérebro. O fígado guarda o açúcar para o cérebro, porque no cérebro não há espaço.

– Então o fígado manda logo o açucareiro todo para o cérebro? Nada bobo esse cérebro! E, pelo que entendi, a corrente sanguínea é a estrada principal que passa pelo corpo, não é?

– É isso aí! O sangue leva o oxigênio, todos os nutrientes e demais substâncias para todo o corpo, e eles seguem pela corrente sanguínea, com todas as suas veias e artérias. São muito parecidas com estradas, avenidas e ruas, que passam por todo o corpo! Para que o corpo funcione bem, é necessário que essas estradas e ruas estejam sempre limpas, sem nada que bloqueie a passagem do sangue. O coração é o responsável pelo sangue fluir pelo corpo todo e, para isso, tudo precisa estar em ordem, sem nada de sujeira.

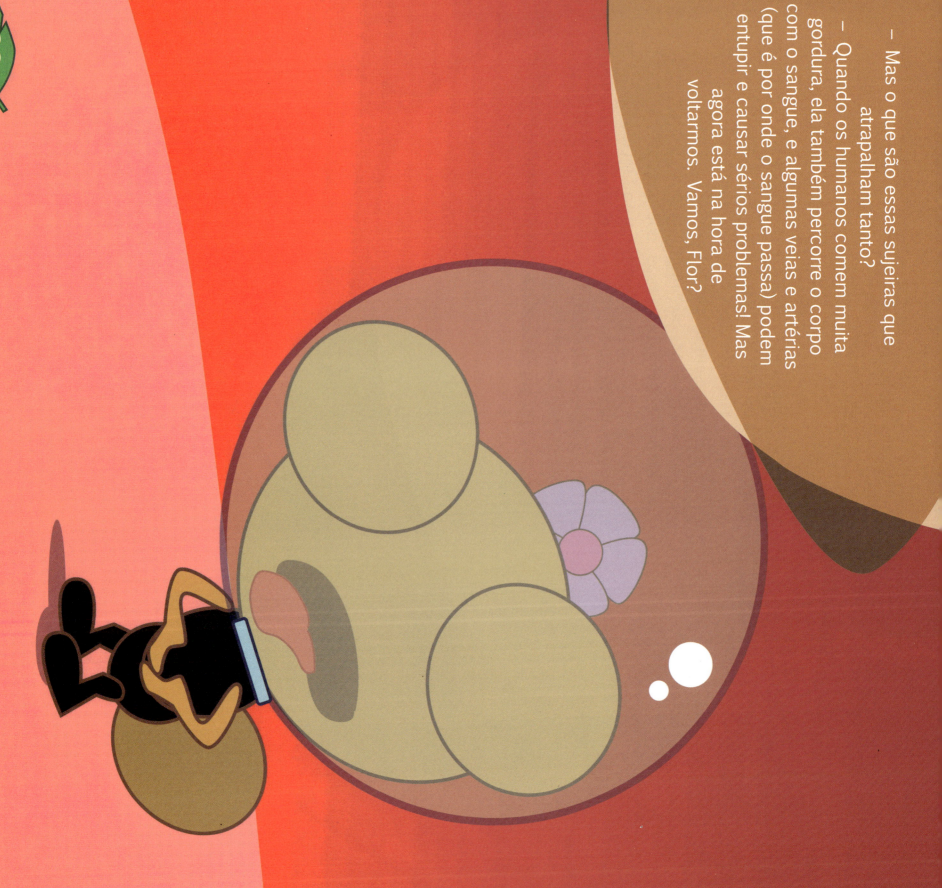

— Mas o que são essas sujeiras que atrapalham tanto?
— Quando os humanos comem muita gordura, ela também percorre o corpo com o sangue, e algumas veias e artérias (que é por onde o sangue passa) podem entupir e causar sérios problemas! Mas agora está na hora de voltarmos. Vamos, Flor?

– Não, não, você não me explicou o que acontece com a comida depois de passar pelo intestino delgado. Para onde ela vai?
– Depois do intestino delgado vem o intestino grosso, que recebe o alimento que já não serve para o organismo, pois os nutrientes já foram retirados no intestino delgado, lembra?
– Então o intestino grosso guarda o cocô? Eca, não quero ir lá não – concluiu Flor, morrendo de nojo.

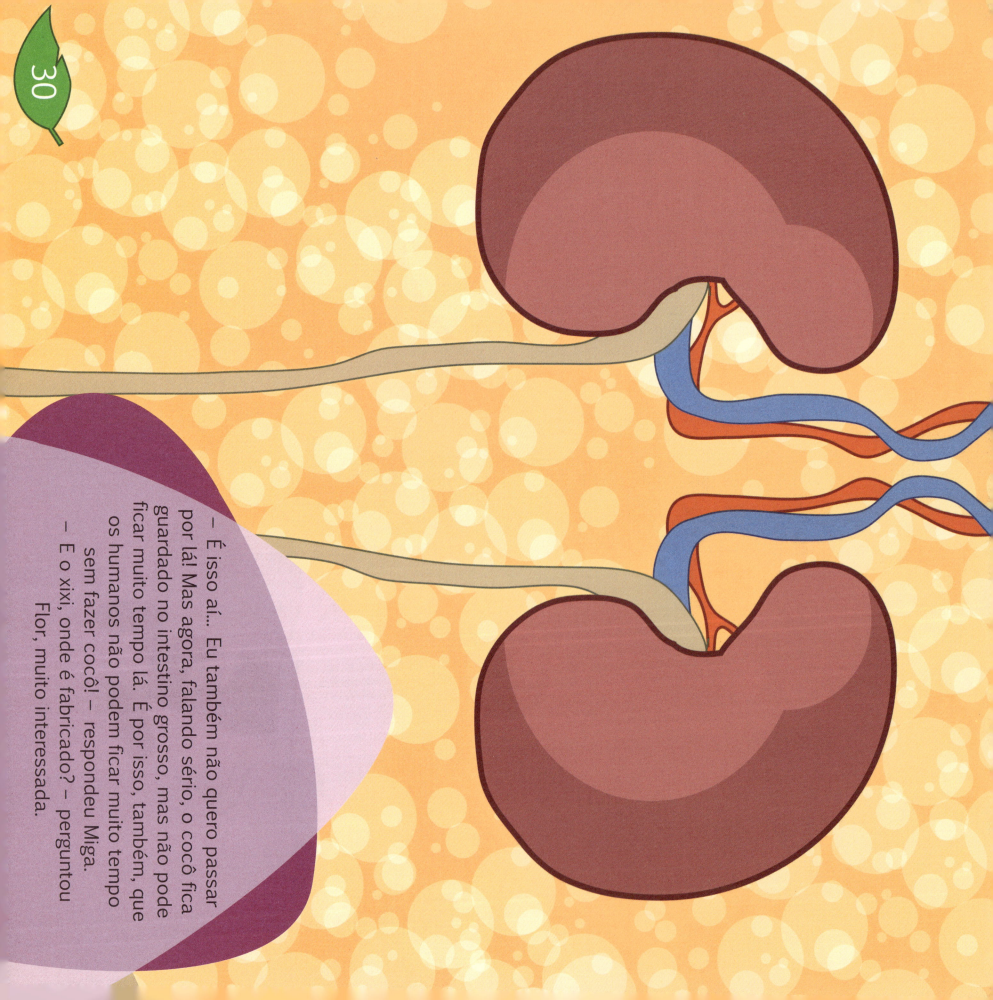

— É isso aí... Eu também não quero passar por lá! Mas agora, falando sério, o cocô fica guardado no intestino grosso, mas não pode ficar muito tempo lá. É por isso, também, que os humanos não podem ficar muito tempo sem fazer cocô! – respondeu Miga.
— E o xixi, onde é fabricado? – perguntou Flor, muito interessada.

— Os humanos têm um conjunto de órgãos que se chamam rins. Eles são dois, irmãos gêmeos, parecidos com dois feijões, mas bem grandões. Lá, o sangue é filtrado, e o que não for aproveitado pelo organismo vira xixi, que dos rins vai para a bexiga, esta parecida com um balão de aniversário. Quando esse balão enche, faz os humanos sentirem uma dorzinha, que na verdade é a vontade de fazer xixi. Por isso é muito importante fazer xixi quando a bexiga está gritando assim: "Socorro! Estou cheia, vou estourar!"

— Poxa vida, o corpo humano é completo mesmo! Tantas coisas que a gente já viu, né? Não dá para conhecermos os rins?
— É uma pena, não vai dar tempo. Eu também gostaria muito de conhecê-los. Agora devemos subir rapidinho e achar uma saída – falou Miga, preocupada com como iriam sair dali.

As duas pegaram os equipamentos de rapel e começaram, então, a subir e escalar o aparelho digestivo.

— Miga, faltou conhecermos mais alguma coisa?
— Muitas outras coisas, Florzinha. O corpo humano tem outros órgãos, mas por hoje está ótimo. Já temos bastante material para o nosso trabalho, vai ficar demais!
— Fale-me um pouco sobre o cérebro. É ele quem comanda tudo?
— Sim, ele comanda todas as funções do corpo humano; ele é o chefe! Tem inúmeras funções, comanda muita coisa, mas é comandado pelo espírito!
— Ai, ai, ai, outro órgão?
— Não, o espírito não é um órgão do corpo humano, mas também foi criado por Deus, o Grande Pai. Vamos dizer que o espírito mora no corpo humano. O espírito comanda os sentimentos, os pensamentos e as vontades. O cérebro entende tudo isso e manda essas instruções para o corpo. Sem o espírito, os humanos não teriam inteligência, por exemplo, não conseguiriam fazer prova de Matemática, andar de bicicleta, ler ou escrever. Um corpo sem espírito é um corpo sem vida, morto.
— Isso é meio complicado, não é, Miga?

33

— Quando um humano está feliz, ele ri, canta, abraça, beija... Mas, quando está triste, ele chora. Para as lágrimas saírem, o cérebro manda uma mensagem aos olhos, que diz: "Vamos colocar esta tristeza para fora!". E a tristeza sai em forma de lágrimas.
— Miga, mas tem humano que chora de tanto rir!
— É verdade, mas aí é a alegria saindo para contagiar quem está à sua volta.

— O corpo humano é uma invenção perfeita de Deus, né? Ele criou cada órgão ligado ao outro, para tudo funcionar bem! E ainda colocou o espírito que Ele criou para morar no corpo, para assim evoluir. Perfeito!

— Por isso os humanos devem cuidar muito bem do seu corpo, para não ficarem doentes.

As amigas iam subindo e conversando, até que Miga teve uma superideia:

— Flor, eu estava pensando, em irmos até o nariz, por lá temos como sair do corpo da menina.

— Eu topo! Vamos lá.

Flor e Miga subiram muito, fazendo todo o caminho de volta, e, exaustas, pararam no nariz, mas não gostaram muito do que viram.

— Ai, Miga, que ideia horrível você teve, hein? Aqui é uma ventania, quase não consigo parar em pé!

— Flor, eu só queria conhecer este lugar, e daqui a gente já pode ir embora!
— Miga, além da ventania, aqui é cheio de meleca. Eca! Ainda bem que estou de roupa de mergulhador.

De repente, a criança, dona do nariz, começou a sentir um incômodo e coçou, coçou, coçou tanto que quase esmagou as duas formigas amigas. Depois disso, ouviu-se um barulhão: ATCHIM! ATCHIM!

A criança espirrou e jogou as duas para fora de seu corpo, direto no jardim do parquinho.
— Ai, Miga, eu estou viva? Ou morri e estou no plano espiritual?
— Flor, que susto! Mas não se preocupe, estamos vivinhas da Silva.
— Eu quero ir logo para casa; estou cheia de meleca de nariz, credo! – reclamou Flor, sentindo muito nojo.
— Vamos embora, Flor, eu quero é tomar um banho! – também reclamou Miga.
Flor e Miga fizeram seu trabalho de Ciências, tiraram nota 10 e escreveram uma mensagem aos seres humanos no fim do trabalho: "O Corpo Humano é uma máquina linda por fora e por dentro, que foi criada por Deus, com muito amor, para abrigar o espírito, enquanto ele estiver precisando morar no planeta Terra. Os seres humanos devem cuidar muito bem dele para que possa funcionar sempre em harmonia".